U.N. REFUGEE

UWHCR

CONCEPT AND EDITORIAL COORDINATION
CONCEITO E COORDENAÇÃO EDITORIAL
Felipe Candiota

DESIGN AND GRAPHIC LAYOUT
CONCEPÇÃO E PRODUÇÃO GRÁFICA
Antoine Olivier

TRANSLATION AND PROOFREADING
TRADUÇÃO E REVISÃO DE TEXTO
Felipe Candiota e Emilia Carneiro

Cover photo / Foto da capa: Romulo Fialdini

© 2011 Loft Publications
Loft Publications, S.L.
Via Laietana, 32, 4º, of. 92
08003 Barcelona
Spain
T +34 932 688 088
F +34 932 687 073
loft@loftpublications.com
www.loftpublications.com

First edition / 1.ª edição: September 2011 / Setembro de 2011

ISBN: 978-84-9936-865-8

Printed in Spain
Impresso na Espanha

Brazil Hotels

Felipe Candiota

LOFT

CONTENTS
SUMÁRIO

10	Casa Turquesa		210	Nannai
26	Casas Brancas		224	Ponta dos Ganchos
42	Estrela D'Água		246	Pousada do Toque
56	Etnia		268	Pousada Maravilha
70	Fasano Rio de Janeiro		280	Pousada Patacho
86	Fasano São Paulo		292	Reserva do Ibitipoca
104	Fazenda da Lagoa		312	Toca da Coruja
118	Fazenda São Francisco		330	Txai
140	Insólito Boutique Hotel		348	Unique
160	Kenoa Resort		366	Uxua Casa Hotel
180	Kiaroa		390	Vila Naiá
194	L'Hotel			

"Quem organiza uma antologia escreve sempre um prefácio em que declara o critério adotado. O que sucede de ordinário é que a maioria dos leitores não faz caso do prefácio. Agora sei que os prefácios são inúteis, e entre apanhar e apanhar, antes apanhar sem prefácio."

> **"** Those who compile an anthology write a foreword to declare the criteria they adopted. What usually happens is most readers pay little regard to forewords. Now I know forewords are useless and, between be beaten and be beaten, I would rather be beaten without a foreword. **"**

Manuel Bandeira (Brazilian poet, 1886-1968)

"Não me inspiro nas citações; valho-me delas para corroborar o que digo e que não sei tão bem expressar, ou por insuficiência da língua ou por fraqueza do intelecto. Não me preocupo com a quantidade e sim com a qualidade das citações. Se houvesse desejado que fossem avaliadas pela quantidade teria podido reunir o dobro."

" I don't inspire myself with quotes; I count on them to confirm what I say e what I am not able to satisfactorily express, either because my language is insufficient or because my intellect is weak. I am not worried about their amount but how good they are. If I wished they would be appraised according to their number, I would have been able to put twice their sum together. "

Michel de Montaigne (French philosopher, 1533-1592)

Casa Turquesa

PARATY - RIO DE JANEIRO

" Everyth beauty, everyone

"Todas as coisas têm alguma beleza, mas nem todos conseguem vê-la."

ing has

but not

sees it. "

Confucius (Chinese philosopher, 551-479 a.C.)

Casas Brancas

BÚZIOS - RIO DE JANEIRO

"Beauty is which with allures man his kind."

the bait

delight

to enlarge

"A beleza é a isca que, com encanto, seduz
o homem para aumentar a sua espécie."

Socrates (Greek philosopher, 469-399 a.C.)

Estrela D'Água

TRANCOSO - BAHIA

of style

and grace

thm depends

 "Beleza de estilo, harmonia, graça
e bom ritmo dependem da simplicidade."

Plato (Greek philosopher, 427-347 a.C.)

way beautiful

from itself

beyond itself.

of it, for nothing

better by praise. "

Marcus Aurelius (Roman emperor, 121-180)

Fasano

RIO DE JANEIRO

part of

is that

picture

express."

Francis Bacon (English philosopher, 1561-1626)

Fasano

SÃO PAULO

" Beauty is a relation between in our nature of the object whi

"A beleza é uma relação harmoniosa entre algo da nossa natureza e a qualidade do objeto que nos encanta."

harmonious

something

and the quality

ch delights us.

Blaise Pascal (French philosopher, 1623-1662)

Fazenda
da Lagoa

UNA - BAHIA

"There is that makes more direc soul than

"Não há nada que faça o seu caminho mais diretamente até a alma do que a beleza."

nothing

its way

tly into the

beauty."

Joseph Addison (English writer, 1672-1719)

whether

tural, is felt,

erly than

 "A beleza, seja ela moral ou natural,
é sentida mais propriamente do que
percebida."

David Hume (Scottish philosopher, 1711-1776)

ADOPT
TOGETHER.

WINE
2
COMFORTABLE GLASSES.
CHAIR

POND
with
LILLYS OR FLOWERS.

" Beau

the pro

of happ

"A beleza é a promessa de felicidade."

ty is
mise
iness. "

Kenoa Resort

BARRA DE SÃO MIGUEL - ALAGOAS

SANDY
FOOT
BATH

FRESH FRUIT.

MINIMAL SNACKING
COMFORT FOODS.

LOUNSING
CHAIRS
c/w
towels
AND
MATS.

NATURAL STONE N WOOD.

UNIQUE SHOWER.

UNIQUE
WASH
BASIN

C/W
TOWELS.

WOOD
BARREL
BATH
↓

REAL
PLANTS ↓↓

" Beauty is a

of secret natu

otherwise wou

hidden from

"A beleza é a manifestação de leis naturais secretas que, de outra maneira, nos estariam ocultas para sempre."

manifestation

al laws, which

d have been

us forever. **"**

J. Wolfgang von Goethe (German writer, 1749-1832)

PAVILLION
STYLE
BOOKS.

WATER
WALK.

POOLS
with
PLANTER
BOWLS

WICKER.

" **Truth**

for the wis

for the fee

"A verdade existe para o sábio, a beleza
para o coração sensível."

exists

e, beauty

ng heart. "

J. Friedrich Von Schiller (German writer, 1759-1805)

L'Hotel
SÃO PAULO

"Beauty is but image of the In and justice it like virtue and is a companion

"A beleza é apenas a imagem sensível do Infinito.
Como a verdade e a justiça, ela reside em nós,
como a virtude e a moral, é companhia para a alma."

the sensible

inite. Like truth

ives within us;

the moral law it

of the soul."

George Bancroft (American historian, 1800-1891)

EYE BROW
DORMER

WINE
GLASSES

PAVILION
STUDIO

" Though we
over to find th
must carry it
find it not. "

ravel the world

e beautiful, we

with us or we

"Podemos viajar por todo o mundo em busca
do que é belo, mas se já não o trouxermos
conosco, nunca o encontraremos."

R. Waldo Emerson (American poet, 1803-1882)

Ponta
dos Ganchos

GOVERNADOR CELSO RAMOS - SANTA CATARINA

PYRAMID
ROOF
and
BRIDGE.

∨l

← = SEAFOOD
MUSLES

MINIMAL FOOD DISHES.

"Beauty of

in its supreme

invariably exci

soul to tears."

whatever kind,

development,

es the sensitive

"A beleza de qualquer espécie, em seu desenvolvimento supremo, invariavelmente provoca lágrimas na alma sensível."

Edgar Allan Poe (American writer, 1809-1849)

COLOUREFUL PLATES. TAPAS

← TIKI BAR.

COVER DECK
with
HAMMOCK

BARREL
BATH.

" Some

should be app

far away; som

to be closely

"Há belezas para serem admiradas de longe;
outras se querem vistas de perto."

beauties

reciated from

e others need

seen. **"**

José de Alencar (Brazilian writer, 1829-1877)

Pousada Maravilha

FERNANDO DE NORONHA - PERNAMBUCO

RERD
HAMMOCK

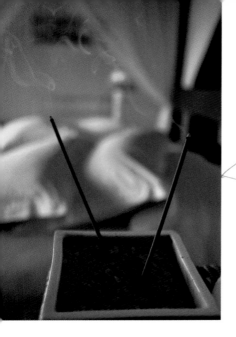

INCENSE PLANTER.

MOSQUITOE NETTING =

"Beau

not ca

It is."

ty is

used.

"A beleza não tem causa. É."

Emily Dickinson (American poet, 1830-1886)

Pousada
Patacho

PORTO DE PEDRAS - ALAGOAS

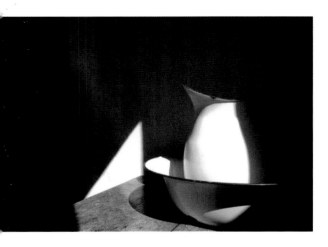

COLOURFUL
CHAIR

" The specta

in whatever

presented, ra

to noble

"O espetáculo da beleza, em qualquer forma que
se apresente, eleva a mente a nobres aspirações."

cle of beauty,

form it is

ses the mind

aspirations.”

Gustavo Adolfo Bécquer (Spanish poet, 1836-1870)

Reserva
do Ibitipoca

LIMA DUARTE - MINAS GERAIS

ART "Dolls"

"Beauty is a
is higher, indeed
needs no explana
great facts in the
or springtime, or
dark water of that
the moon."

orm of genius --
han genius, as it
ion. It is of the
world like sunlight,
he reflection in
silver shell we call

"A beleza é uma forma de gênio... mais elevada até do que o gênio,
pois dispensa explicação. Pertence aos grandes fatos do universo,
como a luz do sol ou a primavera, ou o reflexo, nas águas escuras,
dessa concha de prata que chamamos lua."

Oscar Wilde (Irish dramatist, 1854-1900)

TAPAS.

PATIO
LANTERNS

"Beauty as something in what it is or can never be

we feel it is

describable;

what it means

said. "

George Santayana (Spanish philosopher, 1863-1952)

Txai

ITACARÉ - BAHIA

BOWL
OF
L:FRESH
FROit

ecstasy; it is as

There is really

said about it.

me of a rose:

and that is all. **"**

W. Somerset Maugham (French writer, 1874-1965)

BAR KNOWBLINS.

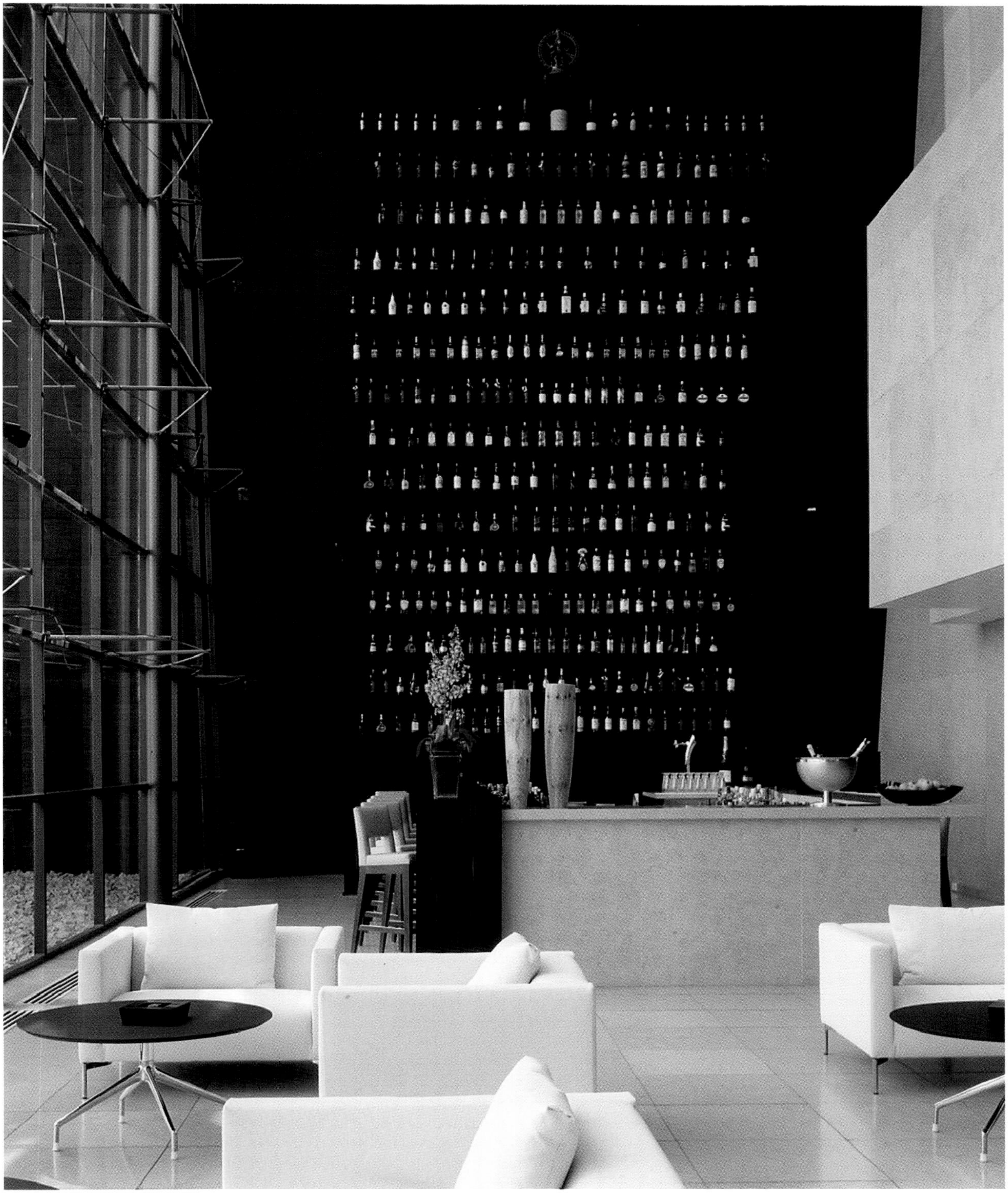

DIVIDER WALLS

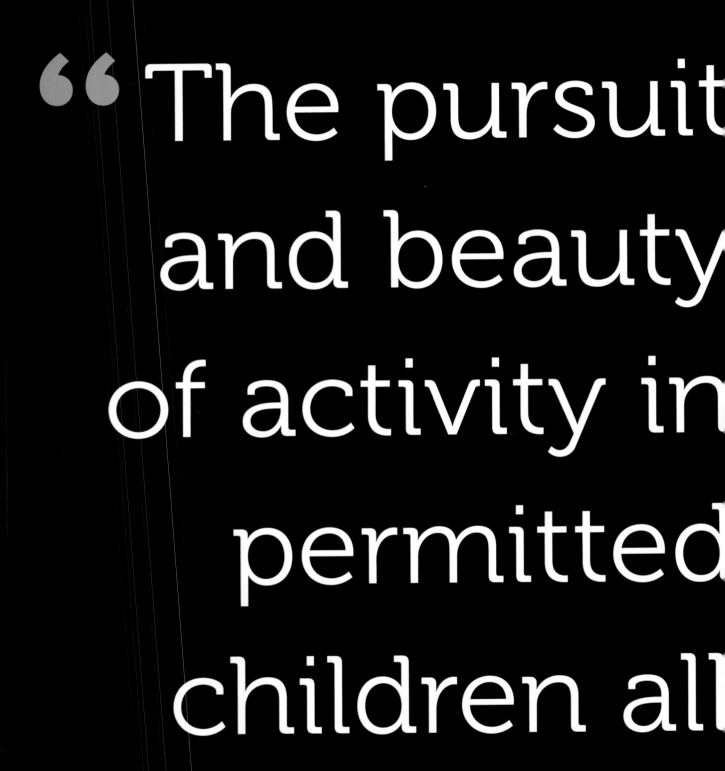

" The pursuit
and beauty
of activity in
permitted
children all

"A busca da verdade e da beleza são domínios em que
nos é consentido sermos crianças por toda a vida."

of truth
is a sphere
which we are
to remain
our lives. "

Albert Einstein (German physicist, 1879-1955)

Uxua
Casa Hotel
TRANCOSO - BAHIA

⟵ = yellow
colour.

= Exotic
FRUIT
Colours.

TAPAS.

RUSTIC
DISH
RACK
''
↓

COMMUNAL
EATERY
''
↓

LANTERN
''
↓ ↓ TABLE
LIGHTS.

BEAUTIFUL
TENTING
OUER
BED.

COLOUR
GLASS
WINDOW

NATURAL
SHOWER
HEAD.

MOOD LIGHTING!

"Beauty is You do not it looks at yo not forgive."

merciless.

look at it;

u and does

"A beleza é cruel. Você não a olha, ela olha para você e não perdoa."

Nikos Kazantzakis (Greek writer, 1883-1957)

Vila Naiá

CORUMBAU - BAHIA

LOW TABLE

"We live
to discover
All else is
of waiting.

Nannai
PORTO DE GALINHAS - PERNAMBUCO

www.nannai.com.br

Toca da Coruja
PRAIA DA PIPA - RIO GRANDE DO NORTE

www.tocadacoruja.com.br

Ponta dos Ganchos
GOVERNADOR CELSO RAMOS - SANTA CATARINA

www.pontadosganchos.com.br

Txai
ITACARÉ - BAHIA

www.txai.com.br

Pousada do Toque
SÃO MIGUEL DOS MILAGRES - ALAGOAS

www.pousadadotoque.com.br

Unique
SÃO PAULO

www.unique.com.br

Pousada Maravilha
FERNANDO DE NORONHA - PERNAMBUCO

www.pousadamaravilha.com.br

Uxua Casa Hotel
TRANCOSO - BAHIA

www.uxua.com

Pousada Patacho
PORTO DE PEDRAS - ALAGOAS

www.pousadapatacho.com.br

Vila Naiá
CORUMBAU - BAHIA

www.vilanaia.com.br

Reserva do Ibitipoca
LIMA DUARTE - MINAS GERAIS

www.reservadoibitipoca.com.br